„HEUTE werde ich SELBSTSTÄNDIG!"

„Aber erst
mähst du noch den Rasen,
Schatz!"

„HEUTE
werde ich
SELBSTSTÄNDIG!"

„Aber erst
mähst du noch den Rasen,
Schatz!"

Bibliografische Information der Deutschen Nationalbibliothek: Die Deutsche Nationalbibliothek verzeichnet diese Publikation in der Deutschen Nationalbibliografie; detaillierte bibliografische Daten sind im Internet über dnb.dnb.de abrufbar.

© 2022 Melanie Flacke

Herstellung und Verlag: BoD – Books on Demand, Norderstedt

ISBN: 978-3-7568-4287-2

„HEUTE
werde ich
SELBSTSTÄNDIG!"

„Aber erst mähst du noch den Rasen, Schatz!"

Wie ich diszipliniert und organisiert mein Geschäft
neben meinem Leben aufbaue …

Prolog

Allein beim Prolog stehe ich schon etwas ratlos da.
Denn … ich habe noch nie ein Buch geschrieben. Das wollte ich auch nie. Aber das, was ich will, ist den Leuten erzählen, was ich gelernt habe, zeigen, wie ich voran gekommen bin und lehren, welche Erkenntnisse ich gewonnen habe.

Daher werde ich den Prolog auch sehr kurz halten.

In diesem sehr überschaulichen Büchlein (schrieb sie, als sie noch keine Ahnung hatte, wie dick dieses Buch überhaupt werden wird), soll es nur darum gehen, dich die ersten Schritte soweit zu begleiten, dass du alleine laufen kannst.

Denn als ich begann mich selbstständig zu machen, habe ich bei mir und beinahe all meinen Mitstreitern das gleiche Phänomen gesehen:

„Morgen kann ich das auch noch machen …"
und
„Was muss ich überhaupt machen? …"

Also, damit du nicht auch Monate um Monate verschwendest, weil du einfach nicht weißt, wie du voran kommen sollst, gebe ich dir Schubser, Tipps, Tricks und Arschtritte, damit du auch wirklich ins Handeln kommst!

Let´s go!

Heute mache ich meine Träume wahr!!!

Yes!!! Ich WILL mich selbstständig machen!
Wenn mein Chef das geschafft hat, dann kann ich das doch schon lange!
Und tausendmal besser!
Außerdem kann ich dann endlich nach meinem Gusto arbeiten und muss mir nichts mehr vorschreiben lassen.
Mehr Zeit für die Familie! Mehr Geld! Mehr Freiheit!
Perfekt!!!

Aber wie fange ich an?

Tatsächlich ist der erste Schritt der Schritt, der grundsätzlich vernachlässigt wird, weil er ja eigentlich ganz klar ist.

Dein Warum!

Warum willst du dich wirklich selbstständig machen?

Na, weil ich dann mehr Geld verdiene …oder mehr Zeit habe …
Und wofür willst du mehr Geld oder Zeit?
Oder willst du einfach nur dann arbeiten, wenn es dir passt?
Und warum ist das so?

Was ist der tiefere Grund? Dein eigentliches Ziel? Dein Warum? Was genau willst du?

Ich habe einfach keine Lust mehr immer um 5 Uhr früh aufzustehen! Na, würde es dir dann nicht schon reichen einen Spät- oder Nachtdienst-Job anzunehmen? Muss es dafür die Selbstständigkeit sein?

Ich will endlich reich sein! … Aber was bedeutet reich für dich eigentlich? 1.500,- € netto im Monat? 3.000,- € netto im Monat? 5.000,- € netto im Monat? Oder gar ein paar Nullen mehr?
Und was ist es, was du mit dem Geld anstellen willst?

Viele Millionäre sprechen davon, dass Geld ein Mittel zu ihrer Freiheit ist. Aber auch hier muss man für sich selbst erst einmal herausfinden, was meine persönliche Freiheit eigentlich bedeutet. Wann fühle ich mich frei? Was brauche ich dafür?

Andere wollen einfach nur im Luxus schwelgen und sehen, wie die anderen vor Neid platzen. Du wirst in deinem Reifeprozess jedoch ziemlich schnell erkennen, dass die Leute, die gelb vor Neid werden sollen, dringend aus deinem Umfeld verschwinden müssen, weil sie Gift für dich sind und damit du überhaupt voran kommst. Und dann sind sie dir später auch egal.

Vielleicht willst du ein Vorbild sein? Oder du willst etwas grundlegendes in dieser Welt verändern? Hunger oder Krankheit besiegen?

Was auch immer dich antreibt. Du musst erst einmal herausfinden, WAS es wirklich ist. Und jedes Mal, wenn du meinst, die Antwort gefunden zu haben, setze nochmal ein „Warum?" dahinter.

Beispiel:

Ich will selbstständig sein!
Warum?
Damit ich keinen Chef mehr habe, der mir auf den S... geht.
Warum?
Weil ich mir meine Arbeit und Zeit lieber selbst einteile!
Warum?
Weil das stressfreier für mich ist.
Warum soll das so sein?
Damit mich mein Leben nicht mehr so stresst und ich gerne zur Arbeit gehe.
Warum willst du das?
Weil ich im Grunde ein Mensch bin, der gerne und viel lacht und sich gerne mit Freunden trifft.
Warum tut dir das gut?
Weil ich die Geselligkeit schätze und diese mich mein Leben genießen lässt.
Und wie soll das aussehen?
Etc.

Du siehst, du musst viel tiefer bohren, um wirklich den Kern zu finden und dein Warum klar zu formulieren.

Und erst nach dem Warum, kommt dann endlich auch das wie.

Aber ist es wirklich so wichtig, sich so tief mit dem Warum zu beschäftigen? Ist doch egal! Lass uns einfach loslegen ... Der Rest wird sich schon ergeben.

Du wirst schon sehr bald sehen, wie wichtig dein Warum wirklich ist.

Denn es dauert nicht lange, da sagst du dir: „Puh! Eigentlich wollte ich ja jetzt was für meine Selbstständigkeit tun ... aber die neue Staffel fängt heute an ... und ich habe da eine neue Chips-Sorte, die ich noch nicht probiert habe ... und Morgen ist ja auch noch Zeit ...“

Und ganz genau in diesem Moment musst du dir dein Warum wieder zurück ins Gedächtnis holen! Und das Warum muss stark sein! Richtig stark!

Es gibt immer zwei Motivationen:

Entweder weg vom Schmerz! Oder hin zur Freude!
Am Besten ist es, wenn du beides kombinieren kannst!

Finde dein Warum! Es muss stark sein! Es darf dich nicht schlafen lassen! Es muss höllisch brennen, wenn du daran denkst, dass du es evtl. nicht erreichen könntest!

Finde dein Warum!

WAS??? JEDEN TAG???

Selbstständig heißt selbst und ständig.

Wer hat diesen Spruch noch nicht gehört? Und was bedeutet er?

Disziplin! Disziplin! Disziplin!

Was verbinden wir mit Diszipin? ... Also ich habe immer direkt ein Bild im Kopf! Ein altes Kloster. Und darin Schüler, die gedrungen über ihrem Pult hocken, der lehrende Mönch durch die Reihen streunend und wer auch nur hüstelt spürt den Rohrstock ...

Kurz: Ein sehr unangenehmes Bild.

Disziplin hat einen faden Beigeschmack. Etwas, was man vermeiden will. Etwas, was man verdrängen will.

Und ja, Disziplin erfordert Stärke. Sie ist wie ein Muskel.
Wer bisher kaum oder keine Disziplin aufgebracht hat, der wird es verdammt schwer haben. Denn Disziplin muss man trainieren.

Darum vergessen wir jetzt dieses böse, negativ belastete Wort! Denn was wir wollen, ist etwas ganz anderes.
Wir wollen uns etwas aufbauen! Und zwar neue Gewohnheiten.

Gewohnheiten!

Nichts weiter!
Atmen ... ist eine Gewohnheit! Sogar unsere Älteste ...
Essen, ist eine Gewohnheit!
Schlafen, ist eine Gewohnheit!
Zähne putzen, sofern täglich ausgeführt, ist eine Gewohnheit!
Fernsehen, ist eine Gewohnheit!

Und auch zur Arbeit gehen, ist eine Gewohnheit.

Und somit kann auch der tägliche Prozess, an unserer Selbstständigkeit zu arbeiten, zur Gewohnheit werden.

Aber vorab: Was sind denn Gewohnheiten?
Eine Gewohnheit ist DAS Hilfsmittel, welches unser innerer Schweinehund benutzt, um uns, die Menschen, am Leben zu erhalten!

Ja, richtig! Gewohnheiten sollen unser LEBEN RETTEN!

Gehen wir zurück in die Steinzeit …

Es gibt kaum Essen, wir müssen ständig wegrennen und uns verstecken. Energie ist die höchste Währung! Also müssen wir so viel wie möglich davon sparen!

Wenn wir aber jetzt immer und immer wieder darüber nachdenken müssen, dass wir erst das eine Bein nach vorne setzen, dann das Körpergewicht darauf verlagern und erst dann das zweite Bein vom Boden lösen und wieder nach vorne setzen müssen … das verbrät nicht nur wahnsinnig viel Gehirnenergie … es würde auch so langsam gehen, dass der Säbelzahntiger noch ein ausgiebiges Tischgebet sprechen kann, bevor er es sich richtig gut schmecken lässt.

Nein, laufen … und vor allem schnelles laufen … mit gleichzeitiger Atmung … und den Fluchtweg im Auge behalten… das muss alles reibungslos funktionieren.
Also zur Gewohnheit werden.

Auch die Überlegung: Ist das giftig, oder kann ich das essen, muss nicht bei jedem Salatkopf neu überlegt werden. Nein, der Salat hat mich gestern nicht gekillt, heute wird er das auch nicht.
Also auch unsere Essgewohnheiten werden zur Gewohnheit.

In der Urzeit war alles, was du 90 Tage lang wiederholt hast, eine Sache, die dich am Leben gehalten hat und wurde dann vom Schweinehund als Gewohnheit aufgenommen.

Heutzutage hat sich unser Leben drastisch geändert.

Wir müssen nicht mehr der Nahrung hinterherjagen. ... Evtl. nur noch diversen Schnäppchen.

Doch unser Schweinehund arbeitet immer noch wie damals.

Das bedeutet, alles, was ich 90 Tage lang wiederholt habe und was mich nicht umgebracht hat, ist zu einer Gewohnheit umzuwandeln. ... zum Beispiel mit einer Tüte Chips auf dem Sofa den Feierabend bei der neuesten Staffel ausklingen lassen.

Wo es in der Urzeit einfach nur positive Gewohnheiten gab, müssen wir heute differenzieren.

Heute gibt es sowohl gute, als auch schlechte Gewohnheiten.

Und in unserem Fall geht es darum, dass wir eine neue Gewohnheit in unser Leben einbauen. Eine, die uns unseren Träumen näher bringt. Eine, die viel Arbeit erfordert. (jedenfalls am Anfang) Eine, die uns nach vorne katapultieren wird, wenn wir sie nur wirklich durchziehen.

Und damit meine ich nicht nur die besagten 90 Tage.

Nein, die 90 Tage sind nur der Anfang. In diesen 90 Tagen wehrt sich unser Schweinehund nämlich mit Klauen und Hauern gegen diese neue Unart, auch noch nach Feierabend und an jedem freien Tag weiter zu arbeiten.

Diese 90 Tage erfordern von uns die meiste Kraft und Anstrengung.

Nach diesen 90 Tagen wird jedoch etwas erstaunliches passieren. Du kommst von der Arbeit nach Hause, setzt dich vor den Fernseher und ... ... wirst wahnsinnig unruhig.
Du hast keine Lust aufs Fernsehen. ... Dir fehlt etwas ... und es zieht dich auf magische Weise wieder zurück zu deinem Projekt.

Du hast deine neue Gewohnheit verinnerlicht und dein Schweinehund, der sich so sehr dagegen gesträubt hat, drängt dich jetzt dazu, weiter zu machen!

SIEG!!!

Aber danach geht es noch weiter. Ein Business aufzubauen dauert länger als 3 Monate. Manchmal sogar länger als 3 Jahre.

Und es wird garantiert nicht auf Anhieb klappen. Niederlagen, Neid, Abzocker, falsche Wege, Stolpersteine und tausende von Probleme werden auf dich einströmen.

Doch da musst du durch! Und es wird dich stärken! Jedes Mal, wenn du wieder aufstehst, wenn ein Problem bezwungen, wenn du zu einer neuen Etappe übergehst, bist du gewachsen und stärker geworden!

Ich liebe die Illustrationen von Jörg Löhr, ein Motivationscoach, die immer wieder den Nagel auf den Kopf treffen:

Aber wie um alles in der Welt soll ich denn jetzt diese magischen 90 Tage+ durchhalten?

Einen Punkt haben wir schon angesprochen:

Vorbilder

Jörg Löhr ist einer meiner Vorbilder!
Er ist Motivator und jedes Mal, wenn ich aufgeben, nicht wieder aufstehen und liegen bleiben will, dann hilft er mir wieder auf die Beine!

Aber nicht nur er! Oscar Karem, Boris Hennig, Jürgen Höller, Pascal Feyh und Bodo Schäfer!
Alles meine Vorbilder. Ihre Worte und Lehren pushen mich weiter!
Und wer sind deine Vorbilder?

Wichtig ist:
Auf der Suche nach deinen Vorbildern und Coaches denke immer daran:
Sie müssen bereits das erreicht haben, was du dir wünscht und dort sein, wo du noch hin willst.

Jemand, der dir erzählt, wie du Liegestütz richtig ausführst, selbst aber die größte Couchpopato ist, ist kein Coach, sondern ein Blender!

Du willst Millionär werden? Dann MUSS dein Vorbild ein Millionär sein!

Such dir deine Vorbilder also gezielt aus und höre ihnen aufmerksam zu. Oft wirst du etwas hören (lesen), was dir nicht gefällt. Denn es sind unangenehme Wahrheiten, die sie aussprechen. Arschtritte, die dir nicht gefallen. Die du aber nötig hast. Willst du deine Ziele erreichen? Dann folge deinen Coaches!

Mitstreiter

Wie viele Personen kennst du, die den gleichen Weg gehen wollen wie du? Keine?
In meinem direkten Umfeld habe ich auch keinen gehabt. Meine Familie, meine Freunde … alles Arbeitnehmer. Und das wollten sie auch bleiben.

Mitstreiter, also andere angehende Unternehmer, habe ich über Seminare kennen gelernt.

Kontakte knüpfen ist das Ah und Oh!

Du hast endlich jemanden gefunden, mit dem du dich über deine Ziele und auch Stolpersteine, deine Lehren und deine Erfolge austauschen kannst.

Aber auch bei den Mitstreitern gibt es solche und solche.
Die einen, die es genauso ernst meinen wie du! Die auch neben Familie und Beruf sich etwas eigenes erkämpfen wollen und auch die 90 Tage bestreiten wollen, um die erste neue Gewohnheit aufzubauen.

Und dann die, die mit ihrem Mindset noch lange nicht soweit sind. Die zwar irgendwie wollen ... aber ...

Wichtig ist zu erkennen, wer ist wer.

Was ich gemacht habe ist, dass wir uns erst in einer WhatsApp Gruppe zusammen geschlossen und ausgetauscht haben. So konnte ich die anderen besser kennen lernen.

Und dann habe ich mich mit zweien von ihnen zusammen getan und sie gefragt, ob sie sich nicht jeden Tag zur gleichen Zeit mit mir via Bildschirmtelefonie (Zoom) zusammen setzen und an unseren Projekten arbeiten wollen.

Wir haben also eine Arbeitsgruppe gebildet. Allerdings hat jeder an seinem eigenen Projekt gearbeitet.

Warum? Was soll mir das denn bringen? Wir drei sitzen täglich vorm Bildschirm und schweigen uns an ... das kann ich auch alleine ...

Kannst du das? Denn genau DAS ist der Knackpunkt! Viele können genau DAS nicht!

Die Vorteile dieser Arbeitsgruppe sind mega! Denn ich habe einen täglichen Termin!

Nicht nur mit mir, sondern auch mit anderen. Es ist eine Verbindlichkeit, die ich eingehe. Und das ist wesentlich einfacher einzuhalten und vor allem viel schwerer durch Ausreden abzusagen, als wenn ich nur mir gegenüber verantwortlich bin.

Zudem habe ich die Köpfe vor mir nicht nur zum Ansehen, sondern auch zum Denken. Wenn ich ein Problem nicht alleine lösen kann, können meine Mitstreiter mit mir gemeinsam überlegen. Und natürlich umgekehrt.

Wichtig bei dieser Projektarbeit ist jedoch der Fokus! Es darf zu keiner Tratschrunde mutieren!

Das war gerade unter uns drei Frauen nicht ganz so einfach ... Als Kompromiss kann man aber sehr gut vereinbaren, dass man nach der vereinbarten Projektzeit noch eine Stunde locker zusammen sitzt und jeder kann sich mal kurz ausquatschen.

So läuft man nicht Gefahr, die wertvolle Projektzeit mit den neuesten Kinder- und Urlaubsstorys zu verschwenden.

Aber was kann mich noch weiter motivieren? Natürlich mein Ziel! Mein Warum! Und sämtliche Unterziele, die dazu gehören. Und um mich ständig daran zu erinnern, hilft mir ein

Visionboard

Was ist ein Visionboard? Ein Visionsbrett?

Es ist so gesehen eine Pinnwand, an der ich meine Ziele, Träume und Wünsche als Bilder angepinnt habe. Dieses Brett hilft mir nicht nur, mich immer wieder an mein Warum zu erinnern, sondern ich kann es auch nutzen, um meine Energie genau auf diese Ziele auszurichten.

Alles, wirklich alles, was in unserem Universum existiert besteht aus ein und denselben Bausteinen.
Es kommt nur darauf an, wie diese Bausteine zusammen gebaut werden, um aus ihnen unterschiedliche Dinge zu bauen. Irgendwie wie Lego ...

Und was sind diese Baustein im Endeffekt? Energie! Nichts weiter als Energie!

Und auch unsere Gedanken und Gefühle sind Energie. Wenn ich mich über etwas freue, dann strahle ich die Energie der Freude aus. Das Universum fängt dieses Gefühl auf und sendet mir noch mehr davon!

Wenn ich mir also mein Visionboard ansehe, mir vorstelle, wie ich mich fühle und was ich tue, wenn ich das Ziel bereits erreicht habe, dann schickt mir das Universum alles, was ich benötige, um wirklich in diesen Zustand zu gelangen.

Ich muss dann nur noch das, was mir das Universum schickt, annehmen!
Doch achte darauf! Sendest du Traurigkeit aus, erhältst du mehr Traurigkeit. Und Negationen kann das Universum nicht verarbeiten.

Als Beispiel:
Ich will nicht zu spät kommen! → Das Universum kann das „nicht" nicht verarbeiten und streicht es. Dein Wunsch, deine Bestellung kommt nun an als: Ich will zu spät kommen! → Kein Problem! Dann lassen wir die Schranken etwas eher runter, du bekommst eine rote Welle und Stau ist auch schnell geschaffen.

Ich bin pünktlich und bekomme den geilsten Parkplatz! … ok … vielleicht ist es der Parkplatz direkt neben dem Geilsten geworden, aber hey! Du hattest grüne Welle und genau als du ankamst ist dein Parkplatz frei geworden! MEGA!!!
Und jetzt nur noch eins: FREUE DICH DARÜBER! Du hast ein tolles Geschenk bekommen! Und wenn es dich glücklich macht, dann erfüllt dir das Universum gerne noch mehr Wünsche!

Zu esoterisch für dich? Aber es funktioniert genau so. Ich habe es schon vielfach selbst erlebt!

Doch, wenn dir das zu weit geht, dann hilft dir das Visionboard auch einfach nur, indem es dich immer und immer wieder an dein Warum erinnert. ☺

Ein weiterer Punkt, der dich kontinuierlich motiviert ist das

Erfolgstagebuch

Ja, im ersten Moment sieht es so aus, als sei das Erfolgstagebuch einfach nur noch eine weitere Aufgabe, die dir Zeit und Energie stiehlt.

Doch das Ding mit unserem Verstand ist der, dass sich unser Geist eher negative und schmerzhafte Dinge einprägt, als die, die Freude, Glück und Erfolg gebracht haben.

Auch das stammt noch aus unserem Urzeit-Gehirn. Es ist nun einmal wesentlich wichtiger auf den hungrigen, sich anschleichenden Säbelzahntiger zu achten, als diese wunderschöne Blumenwiese bei Sonnenuntergang zu genießen.

Doch in unserer heutigen Zeit bleiben uns dadurch leider auch vermehrt unsere Misserfolge, Fehler und Streits im Gedächtnis.

Um ein erfolgreicher Unternehmer zu werden benötigen wir jedoch ein extrem starkes Selbstvertrauen!
Und dieses bauen wir mit unserem Erfolgstagebuch nicht nur auf und stärken es Tag für Tag, sondern wir ziehen auch erneute Kraft und Motivation daraus, wenn wir mal wieder nach einem Rückschlag kurz davor sind aufzugeben. Dann können wir das Tagebuch zur Hand nehmen und uns unsere Erfolge wieder ins Gedächtnis holen.

Damit sich das Erfolgstagebuch richtig schön auf unser Unterbewusstsein auswirken kann, ist die beste Zeit, dies zu schreiben, wenn wir uns gerade zum Schlafen ins Bett gelegt haben. Und bitte wirklich mit einem Stift in ein Buch oder Heft schreiben. Nicht ins Handy eintippen.

Was ist denn aber nun das Erfolgstagebuch?

Nun du schreibst jeden Tag mindestens 5 Dinge auf, die an diesem Tag positiv waren.

Wenn du erfolgreich an deinem Projekt gearbeitet hast, wirst du mit Leichtigkeit und voller Stolz mindestens 5 Punkte reinschreiben können.

Wenn du aber mal einen Tag Pause gemacht hast, dann kannst du auch sowas schreiben wie:
„Heute mal schön entspannt ausgeschlafen."
„Lange mit der Familie gefrühstückt."
„Habe es noch pünktlich zur Post geschafft."
„Heute hat uns ein Schmetterling auf dem Balkon besucht."
„Ich habe ein richtig leckeres Eis genossen."

Ganz egal, was dir heute positives vor die Füße gefallen ist, schreibe es auf. Am Anfang wird es dir noch etwas schwer fallen, positives aus deinem Alltag zu ziehen. Oder die Dinge werden sich ständig wiederholen.
Aber irgendwann erweitert sich dein Blick und du erkennst plötzlich, dass du auf der Arbeit das Glück hattest und das letzte Plätzchen abbekommen hast. Oder dass du das Plätzchen großzügig deiner Kollegin überlassen hast.
Du erkennst, dass die Verkäuferin dich freundlich bedient und du einem Autofahrer die Vorfahrt gelassen hast.

Es wird dir immer leichter fallen die positiven Seiten des Lebens zu erkennen und plötzlich scheint sich dein Leben verbessert zu haben.
Vielleicht hat es das. Vielleicht hat sich auch nur deine Sichtweise geändert.
Aber das Wichtige ist, dass du erkennst, was alles positives auf dich einströmt und was du alles schaffst und erreichst.
Du stärkst dein Selbstbewusstsein!

Jo! Und jetzt hast du die 90 Tage durch! Du hast täglich an deinem Projekt gearbeitet.
Und du hast während dieser Zeit entdeckt, dass du z.B. an deiner Sichtbarkeit arbeiten musst.

Seit 90 Tagen postest du also fleißig jeden Abend eine neue Story in Instagram, Facebook und co., um sichtbar zu werden.
Jeden Tag!
Und darauf kannst du richtig stolz sein!!!

Aber Achtung! Es lauert eine Falle auf dich!

Denn was ist passiert?

Bevor du dich dazu entschlossen hast, selbstständig zu werden, warst du in einer

Komfortzone

Dein Leben war bestimmt von den heiß geliebten Gewohnheiten und alles lief normal.

Doch du hast den Schritt gewagt! Du bist aus deiner Komfortzone herausgetreten! Hast Schwierigkeiten und deinen Schweinehund besiegt! 90 Tage lang hast du täglich, immer noch zusätzlich nach deiner Arbeit, noch weiter gearbeitet. Deine Storys gepostet und dein Erfolgstagebuch geschrieben!

Das wird wirken! So kommst du weiter! ... ... Wirklich?

Denn das was passiert ist, ist, dass du deine Komfortzone verlassen und deinen Einflussbereich erweitert hast. Doch das ist wieder zu einer neuen Komfortzone geworden!

Und genau hier lauert die Falle!

Ja, Sichtbarkeit ist wichtig! Aber nur Storys posten bringt dich nicht ans Ziel! Das ist so, als wenn du nur auf einer Seite des Bootes ruderst. Ein Wikingerschiff und du bewegst gerade mal ein Ruder.

Auch, wenn du es nicht gerne hörst. Komfortzonen bauen sich viel zu schnell und still und heimlich auf. „Ich arbeite doch täglich an meinem Business! Ich mache Storys und Videos und Umfragen ... Warum komme ich nicht voran?" Du musst noch mehr Ruder bewegen. Und dazu musst du wieder aus deiner neu geschaffenen Komfortzone ausbrechen! Du musst dich erweitern!

Was ich dir sagen will ist:
Pass auf, dass dich die Komfortzone niemals festhält! Wenn es sich zu leicht anfühlt, dann ist es Zeit, den nächsten Schritt zu machen!

Aber nicht nur diese klammheimlichen Komfortzonen sind eine Falle, in der wir gerne reintappen. Sondern auch:
22

Ausreden

Also ich konnte heute wirklich nichts am Business machen. Der Rasen sah aus, als wenn hier seit Jahren niemand mehr wohnen würde, ich musste mit dem Auto auch noch schnell in die Waschstraße, die Kinder sind um mich rum gesprungen und meine Frau hat mir ihren ganzen Tag erzählt. Und zu alledem kam ich heute auch erst eine Stunde später aus dem Betrieb raus.

Es gibt Umstände, an denen können wir nichts ändern. Aber wie wir darauf reagieren, ist eine ganz andere Sache.

Nehmen wir mal genau dieses Beispiel!

1. Ich kam eine Stunde später aus dem Betrieb.
    Nehmen wir mal an, dass du da wirklich nichts ändern konntest. Warum wäscht du dann ausgerechnet heute noch das Auto? Wo liegt deine Priorität? In einem sauberen Auto, oder in der Verwirklichung deiner Ziele? Was? Du musst Morgen aber auf einer Hochzeit erscheinen? Und das geht mit dreckigem Auto nicht? Natürlich geht das! Dann park halt etwas weiter weg! Aber meine Frau macht mir die Hölle heiß, wenn das Auto bei der Hochzeit so dreckig ist. Na, wenn ihr das so wichtig ist, dann soll sie das Auto waschen.

2. Die Kinder sind um mich herumgesprungen und meine Frau hat mir ihren gesamten Tag erzählt.
    Wenn du dich zu deiner Selbstständigkeit entschlossen hast, dann hast du einen klaren und strikten Zeitplan für dich aufgestellt (kommen wir später noch zu) und diesen mit deiner Familie klar kommuniziert.
    Und in dieser Zeit wirst du NICHT und zwar von NIEMANDEM, der nicht gerade am Verbluten ist, gestört!
    Zeit mit und für die Kinder und Frau wird ebenfalls eingeplant. Jedoch an Wochentagen sehr knapp. Am Wochenende muss es eine richtige Familienzeit geben, damit die Seelenwünsche aller befriedigt werden.

3. Der Rasen …

Also wenn der Rasen so lange warten konnte, dann kann er auch an diesem Tag, an dem du eh eine Stunde zu spät von der Arbeit gekommen bist, auch noch warten …

Und ganz ehrlich … gibt es denn kein Nachbarskind, dass sich mal 10,- € beim Rasenmähen verdienen will? Oder eines deiner eigenen Kinder?

Du siehst, es waren alles Ausreden!

Du musst Prioritäten setzen. Und wenn deine Zielerfüllung Priorität Nummer 1 ist, dann findest du immer einen Weg, dir auch deine Projektzeit zu nehmen.

Wenn du jedoch sagst:

So! Ich arbeite jetzt innerhalb von 5 Tagen meine To-Do-Liste für diese Woche von meinem Projekt ab, so dass ich am 6. Tag genug Zeit für Auto, Garten und Familie habe und am 7. Tag auf die Hochzeit kann.

dann ist das keine Ausrede. Das ist Zeitmanagement!

Strukturierung und Organisation

Apropos Zeitmanagement.

Ich hoffe ich konnte dir genügend Anreize zum Thema Motivation, Disziplin und Gewohnheiten geben.

Jetzt kommen wir mal zur Strukturierung.

Ja, es soll Menschen geben, die mit einem Chaos viel besser ans Ziel kommen. Ich gehöre definitiv nicht dazu.
Und ein Familienmitglied, welches einen festen Job hat und sich nebenher selbstständig machen will, wird es wahrscheinlich wesentlich einfacher haben, wenn eine feste Struktur als roter Faden dient, an dem man sich entlang hangeln kann.

Zeitmanagement

Aber wann soll ich das alles machen?

Vollzeitjob! Familie! Freunde! … ich habe doch jetzt schon keine Zeit für ein eigenes Hobby …

Ab jetzt ist der Zeitpunkt gekommen, absolut ehrlich zu dir selbst zu sein. Selbstbetrug ist heutzutage leider Gang und Gäbe geworden. Doch das bringt dich nicht weiter, sondern blockiert dich nur.
Du hast jetzt dein Warum? Du kennst dein Ziel und du willst es erreichen? Dann ist es auch Priorität Nummer 1! Und du darfst KEINE Ausrede mehr zulassen!

Ich sage jetzt nicht, kündige deinen Job und verlasse deine Familie. So ein Schmarrn!

Aber identifiziere deine Zeitfresser und merze sie aus!

Nimm dir eine deiner typischen Wochen und ein kleines Büchlein, welches du in dieser Woche mit dir herumschleppst.

25

Und nun fängst du z.B. Montagmorgen an. Du stehst auf. Was machst du dann? Ins Bad gehen? Was tust du da? Sitzt du evtl. etwas länger als nötig auf deinem Tron, da du in Instagram scrollst?
Schreibe deine Tätigkeiten ausführlich auf. Und notiere dir die Zeit, die du damit verbringst.

Dann Zähne putzen. Duschen. Frühstücken und … Facebook?

Du fährst zur Arbeit und kommst wieder heim. Fährst du auf direktem Wege heim? Und wenn du zu Hause bist, was machst du dann?

Umziehen? Duschen? Abend essen? Mit Kindern spielen? Im Garten hantieren? Bild aufhängen? Kinder ins Bett bringen? Feierabend und ab aufs Sofa?

Schreib wirklich jede einzelne Tätigkeit auf!
Vieles wird sich natürlich Tag für Tag wiederholen. Aber an deinen freien Tagen werden auch Änderungen drin sein.

Freund/in getroffen und gequatscht. Spazieren gegangen. Wocheneinkauf erledigt. Zaun gestrichen. Mit der Familie im Schwimmbad gewesen. Etc.

Wichtig sind aber nicht nur die großen Dinge. Sondern auch die Kleinen.

Z.B.
Einkaufszettel geschrieben. Dafür durch das gesamte Haus gelaufen. 45 Minuten
Rolf hat mir ein Ohr abgekaut und mir von seinem eingewachsenen Zehennagel erzählt. 90 Minuten
Während meine bessere Hälfte die Schuhe der Kinder gesucht hat, in TikTok abgetaucht. 30 Minuten
Den Beleg für die Steuererklärung gesucht. 15 Minuten

Das sind deine Zeitfresser! Die gilt es zu identifizieren und zu eliminieren!

Hier hilft oft eine kleine Umstrukturierung.

Anstelle den Einkaufszettel kurz vor knapp zu schreiben, halte einen Block mit Stift immer an der gleichen Stelle bereit. Und jedes Mal, wenn etwas verbraucht worden ist, kommt es direkt auf die Liste.

Somit kannst du, wenn du den Wocheneinkauf erledigst, dir direkt die Liste nehmen und zur Tür raus stürmen.

Du musst warten, bis deine Kinder abmarschbereit sind? Ruf kurz an, wenn du von der Arbeit nach Hause fahren willst. „Schatz? In 20 Minuten bin ich zu Hause. Ich bleibe dann im Auto und du steigst mit den Kindern direkt ein. Dann fahren wir los. Bitte denk an den Einkaufszettel."

Ja, du gehst dann stinkig und dreckig von der Arbeit einkaufen. Aber du hast eine Menge Wartezeit eliminiert. Duschen, kannst du auch nach dem Einkauf.

Wartezeit ist ein gutes Thema!

Wie oft müssen wir schuldlos warten. So viel Zeit, die uns verloren geht.

Immer einen Block und Stift … oder ein Tablet … dabei zu haben ist da sehr hilfreich.
Du sitzt beim Arzt im Wartezimmer? Dann zieh dir einen Punkt aus deiner Projekt-To-Do-Liste raus und arbeite im Wartezimmer daran.

Du sitzt in der Bahn? Auch hier kannst du dir Notizen machen.
Im Stau ist das nicht immer so gut. Aber deine Gedanken können trotzdem rattern und ein bis zwei Stichpunkte kannst du dir auch hier notieren.
Oder du nutzt die Zeit und bildest dich via Hörbücher weiter.

Facebook, Instagram und TikTok … rigoros vom Handy entfernen!!!
Social Media wird für dich erst wieder interessant, wenn du darüber deine Zielgruppe erreichen und Werbung schalten willst.

Fernsehen, Netflix, Spiele auf Handy oder Computer, Berieselung, etc. → Schaff sie ab!!! Lösch die Spiele, kündige die Abos, schmeiß den Fernseher weg!

Du hast ein Ziel? Dann schaff diese Zeitfresser ab!

Nichts, aber auch gar nichts am Fernsehen und co. ist so wichtig, dass dafür Zeit verschwendet werden darf!

Du willst aber wenigstens die großen Filme sehen?
Dann mach ein Event draus und geh in eingeplanter Zeit ins Kino!

Was ist mit den Nachrichten der Welt?
Was erfährst du denn wirklich Wichtiges aus den Nachrichten, was dich deinem Ziel näher bringt?
Welche Königin wo regiert? → interessiert nicht
Wo gab es welche Überschwemmung? → ob du es weißt, oder nicht, hilft niemandem
Welcher Popstar gerade auf Welttournee ist? → Dein Ziel ist wichtiger als jeder Popstar.
Das Wetter? → dafür gibt's ne App

Ich gebe dir kurz ein Beispiel eines geplanten Tages:

06:00 Uhr	aufstehen und ins Bad
06:20 Uhr	frühstücken
06:45 Uhr	mit dem Hund gehen
07:15 Uhr	Startklar für die Arbeit machen
07:20 Uhr	Haus verlassen und zur Arbeit fahren
07:30 Uhr	kurz beim Bäcker anhalten und was für die Arbeit kaufen
07:50 Uhr	auf der Arbeit ankommen
08:00 Uhr	Arbeitsbeginn
16:30 Uhr	Feierabend und Heimfahrt ohne Zwischenstopp
16:50 Uhr	Ankunft, Familie begrüßen, umziehen und kurz abduschen
17:20 Uhr	ins Arbeitszimmer (ein Raum, indem du während deiner Arbeitszeit nicht gestört wirst!)
18:30 Uhr	Pause und Abendessen mit der Familie
19:00 Uhr	zurück ins Arbeitszimmer
20:30 Uhr	Feierabend und nochmal eine Runde mit dem Hund
21:00 Uhr	gemeinsame Zeit mit deiner besseren Hälfte / gerne gemeinsam ein Buch lesen / oder als Hörbuch hören
22:00 Uhr	ins Bett und das Erfolgstagebuch schreiben

Sieh zu, dass du genügend Schlaf bekommst und für den Tag ausgeruht bist. Kleiner Tipp: Zwei Stunden deines Schlafs in zwei Stunden Sport umwandeln gibt dir wesentlich mehr Energie für den Tag, als der Schlaf allein es bewirken könnte. Gepaart mit einer gesunden, zuckerarmen Ernährung ist dies unschlagbar!
Gerne hilft dir auch ein Schlafcoach, wie z.B. Simone Borchardt, helfen.

Ich kann dein „ja, aber…" gerade deutlich hören.

Dies ist nur ein Beispiel! Du musst deinen Tag auf deine Pflichten runterbrechen und herausfiltern, was wirklich DU machen musst und was andere erledigen können.

Natürlich darf sich deine Familie nicht vernachlässigt fühlen. Aber man kann mit ihnen sprechen und sagen, dass es jetzt für eine Weile etwas schwerer wird und dass dich keiner stören darf, wenn du in deinem Arbeitszimmer bist. Aber, dass es auch Zeiten gibt, in denen du extra für deine Familie und nur für deine Familie da bist.

Auch kannst du nicht alles deiner besseren Hälfte überlassen. Ihr müsst euch die Arbeit wie gewohnt aufteilen. Doch auch hier hilft die Kommunikation. Und evtl. externe Hilfe.

Keiner von euch schafft es diese verdammten Hemden zu bügeln? Nun, Hemden kosten in einer Wäscherei nur'n Appl und'n Ei.
Aber ihr habt noch viel mehr zu bügeln? Es gibt Personen, die verdienen sich als Bügelhilfe was dazu.

Ok. Wenn ihr jetzt für jede einzelne Tätigkeit externe Helfer sucht, dann wird es echt teuer. Aber die zeitaufwändigsten und lästigsten Pflichten kann man anderweitig delegieren.
Bezahl es einfach von den eingesparten Netflix-und-co.-Gebühren.

Und wie sieht für mich ein Wochenende aus? Da kann ich doch pausieren, oder?

Nun, für das Wochenende hast du zusätzliche Zeit gewonnen! Aus unserem Beispiel heraus wäre es die Zeit von 07:20 Uhr bis 16:50 Uhr. Das sind 9,5 Stunden, die du sinnvoll verwenden kannst!

z.B.

5 Stunden	davon ist wertvolle, zusätzliche Projektzeit
2 Stunden	ist Zeit für zusätzliche Pflichten im Haus, die aufgeschoben wurden
2,5 Stunden	ist wertvolle Familienzeit am Samstag und Freundeszeit am Sonntag

Setze dir deine Prioritäten und plane so deine Zeit ein.

Ja, aber wie soll ich das denn einhalten, dass ich nur 2,5 Stunden mit meinen Kindern spiele? Die verlangen wesentlich mehr!

Ehrlich? Also ich wette, dass die Kinder keine 2,5 Stunden exzessives Spielen durchhalten. Und im Anschluss der Spielzeit für ein paar Stunden außer Gefecht gesetzt sind. Du musst nur das Richtige machen.
Also 2 Stunden Teeparty spielen ist natürlich nicht so anstrengend.
1 Stunde im Garten rumtollen oder spazieren gehen oder eine Schlittenfahrt machen, das powert aus.

Aber wirklich keinen einzigen Tag Pause?
Nein! Ein ganz klares Nein!
Du musst dich jeden Tag, mindestens eine Blockzeit lang (kommt später noch) mit deinem Projekt beschäftigen. Und das ist nicht zu viel verlangt.

Das ist gerade an Wochenenden wie:
Schatz, wenn wir mit dem Spielplatz durch sind, gehst du dann alleine mit den Kindern in die Eisdiele, damit ich noch an meinem Projekt arbeiten kann?

Jetzt müssen wir aber differenzieren.

Keinen Tag Pause! Das bedeutet: Wirklich jeden Tag an deinem Projekt arbeiten!
Aber es gilt auch:
Jeden Tag Pause! Denn du musst dich regenerieren!

Sach ma, hat sie sie noch alle? Was soll das denn jetzt heißen?

Deine Pause sieht jetzt nur einfach anders aus als früher.

Früher bestand deine Pause aus fernsehen, SocialMedia, zocken, schlafen.
Heute besteht sie aus Sport, Familienzeit, Spaziergängen (mit oder ohne Hunde) und Schlaf.

Pausen sind wichtig! Und wenn du meinst, dass du dich unbedingt mal einen Tag von deinem Projekt erholen musst, dann plan gleich ein ganzes Wochenende ein und fahr mit deiner Familie ans Meer. (Aber nimm Block und Stift mit … denn dein Unterbewusstsein wird dir hier und da noch ein paar Stichpunkte zu deinem Projekt zukommen lassen). Und lass dies nicht zu oft vorkommen! Maximal zwei Tage im Monat.

Ok. Nachdem wir jetzt gesehen haben, dass wir uns Zeit frei schaufeln können, um wirklich gezielt an unserem Projekt zu arbeiten, müssen wir noch die Projektzeiten selbst betrachten.

Oh, und wenn du jetzt immer noch sagst: „Nein! Ich habe so viele Verpflichtungen, ich finde echt nicht die Zeit für mein Projekt!"
Dann bist du immer noch in deinen Ausreden gefangen und setzt deine Prioritäten anders.
Was sind deine Pflichten? Und was ist dein Ziel / dein Warum? Wie wichtig ist dir was? Überdenke deine Prioritäten. Wenn alles andere wichtiger ist als dein Ziel, dann brauchst du dich auch nicht selbstständig machen.

Blockzeiten

So, nun zu den wesentlichen Zeiten!

Wir Menschen haben ein Problem. Naja, eigentlich haben wir viele Probleme, aber jetzt pick ich mir dies Problem mal heraus.

Es geht um unser Gehirn. Ein sehr alter Teil unseres Gehirns ist das limbische Gehirn. Und dieser Teil ist für die Verarbeitung von Emotionen zuständig.
Mit Daten und Fakten will dieser Teil gar nichts zu tun haben.

Ich stell mir das immer so vor:
Mein Daten- und Zahlen-Ich befindet sich in einem Raum und schreibt mit großem Eifer auf eine riesige Tafel. Es rechnet und organisiert, formuliert und strukturiert.
Und auf einem Sofa in der Ecke sitzt eine kleine, 7 jährige Mini-Ich, die das alles totaaaaaaal langweilig findet.
Für eine Weile kann sich das Mini-Ich ruhig verhalten und lässt das Zahlen-Ich machen. Doch irgendwann wird es ihr viiiieeel zu langweilig und sie fängt an auf dem Sofa rumzuklettern. Dann rennt sie zum Fenster und macht mein Zahlen-Ich auf den Schmetterling aufmerksam.
Dann steht mein Mini-Ich nahe bei meinem Zahlen-Ich und erzählt ihr viel aufregendere Dinge, wie z.B. was man sich für das Mittagessen vorstellt, dass man ja noch die Wäsche waschen muss, die aussieht, wie der Mount Everest, dass

das gestern mit den Kindern total lustig war und ob man sich nicht das Katzen-video von neulich nochmal ansehen kann.

Und mein Zahlen-Ich? Sie kämpft gegen den Drang nach draußen zu sehen. Wünscht sich, dass Mini-Ich endlich still ist und … guckt sich dann das Katzenvideo an …

Dabei ist es ganz einfach der Sache Herr zu werden.

So lange Mini-Ich noch ruhig auf dem Sofa verweilt, ist alles gut. Und noch bevor Mini-Ich zappelig wird … spiel mit ihr!!! Gib deinem Zahlen-Ich eine Pause, indem du Mini-Ich eine Weile unterhältst.
Und wenn Mini-Ich dann zufrieden ist, dann kannst du weiter arbeiten, ohne gestört zu werden.

Also im Endeffekt ist dies eine Metapher für unsere Konzentrationsfähigkeit. Unser limbisches Gehirn (Mini-Ich) hält sich eine Weile im Hintergrund. Doch nach ca. 50 Minuten schwindet unsere Konzentration und wir heißen jede Ablenkung willkommen.

Also machen wir 10 Minuten Pause. Und mit Pause, meine ich richtig Pause.

Wenn ich 50 Minuten am Computer gesessen bin, dann lasse ich alles stehen und liegen, stehe jetzt auf, schalte Musik ein und tanze. Oder sowas ähnliches. Aber keine weiteren Bildschirme mehr.

Tabata wäre auch eine schöne Möglichkeit. Das bringt den Kreislauf nochmal richtig in Schwung … aber dich auch zum Schwitzen. Also frag dich, ob das in diesem Fall sinnvoll ist.

So baust du dir dann deine Arbeitszeit als Blockzeiten auf:

Ein Block:
50 Minuten intensiv arbeiten
10 Minuten Limbus-Pause
50 Minuten intensiv arbeiten
10 Minuten Limbus-Pause
20 Minuten weitere Pause (z.B. zum Essen)

Danach kannst du noch so viele Blockeinheiten durcharbeiten, wie du magst.

Wichtig dabei ist:
KEINE Ablenkungen!
Handy hat im Arbeitszimmer nichts zu suchen! Auch keine Kinder, Hunde oder Goldfische!
Sieh zu, dass du deine Blockzeiten intensiv nutzt. Und wenn es täglich nur eine ist, dann ist es immer noch besser, als gar keine!

Du kannst die chinesische Mauer nur komplett entlang laufen, wenn du auch Schritte machst. Und wenn es jeden Tag nur 10 Schritte sind. Aber eines Tages wirst du das Ziel erreicht haben.

Epilog

Und jetzt?

Wo fange ich an?
Womit soll ich mit selbstständig machen?
Wann melde ich mein Gewerbe an?
Darf ich das überhaupt?
Wie und wo schalte ich Werbung?

Das behandel ich in weiteren kleinen Büchlein.

Und warum schreibe ich nicht alles in einem?

Nun, ich selbst bin ein lesefauler Mensch. Und ein Büchlein unter 50 Seiten, das bekomme sogar ich hin. Aber ein Buch mit 300 Seiten … … … das kaufe ich mir vielleicht. Aber wirklich durcharbeiten … wird eher schwierig.

Also gebe ich euch alles in kleinen Brocken und ihr könnt euch herausfiltern, was ihr jetzt gerade benötigt.

Ich wünsche euch viel Erfolg bei der Selbstständigkeit!

Melanie Flacke